ДОБРИЙ БОГ

Псалом 34

Розділи з Біблії для дітей

Я завжди говоритиму добре про Бога і розповідатиму іншим, який Бог Чудовий.

«Я благословлятиму Господа кожного часу, хвала Йому завсіди в устах моїх!»

(Вірш 1)

Коли я недобре себе почуваю, я знаю, що сила Божа зміцнює мене.

«Душа моя буде хвалитися Господом, хай це почують слухняні, і нехай звеселяться!»

(Вірш 2)

Давайте разом прославляти Бога і розповідати про те, наскільки наш Бог дивовижний.

«Зо мною звеличуйте Господа, і підносьте ім'я Його разом!»

(Вірш 3)

Коли я молюся Богові, Він чує мене, і мій страх зникає.

«Шукав я був Господа, і Він озвався до мене, і від усіх небезпек мене визволив.»

(Вірш 4)

Коли впускаєш Бога у своє життя, все змінюється тільки на краще. Ти ніколи не пошкодуєш про це.

«Приглядайтесь до Нього й засяєте, і не посоромляться ваші обличчя!»

(Вірш 5)

Якщо у мене труднощі, я просто молитимуся. Я впевнений, Бог допоможе мені.

«Цей убогий взивав, і Господь його вислухав, і від усіх його бід його визволив.»

(Вірш 6)

Бог посилає Своїх Ангелів. Вони оточують мене, щоб захищати мене.

«Ангол Господній табором стає кругом тих, хто боїться його, і визволює їх.»

(Вірш 7)

Подивися на своє життя і ти побачиш, що Бог добрий і Він продумав нам все на благо.

«Скуштуйте й побачте, який добрий Господь, блаженна людина, що надію на Нього кладе!» (Вірш 8)

Я шаную Бога, Він настільки Великий: Він відмінно піклується про мене, а я потребую Його турботи.

«Бійтеся Господа, всі святії Його, бо ті, що бояться Його, недостатку не мають!»

(Вірш 9)

Іноді навіть сильні тварини не знаходять їжу. Але ті, хто просять у Бога в молитві, отримують усе необхідне.

«Левчуки бідні й голодні, а ті, хто пошукує Господа, недостатку не чують в усьому добрі.»

(Вірш 10)

Я люблю читати Біблію.
Вона вчить мене, як
славити Бога і жити
для Нього.

«Ходіть, діти, послухайте мене, страху Господнього я вас навчу!»

(Вірш 11)

Я хочу, щоб кожен мій день проходив щасливо, тому я завжди намагаюся не говорити поганого про інших...

«Хто та людина, що хоче життя, що любить дні довгі, щоб бачити добро? Свого язика бережи від лихого.»

(Вірш 12)

І ще я намагаюся завжди казати правду, навіть коли це буває важко.

«... а уста свої від говорення підступу.»

(Вірш 13)

Я хочу поводитись гідно, тому я намагаюся бути чуйним і добрим.

«Відступися від злого і добре чини, миру шукай і женися за ним!»

(Вірш 14)

Бог наглядає за мною.
Він завжди поруч,
коли я потребую Його.

«Очі Господні на праведних,
уші ж Його на їхній зойк.»

(Вірш 15)

Інші книги з цієї серії:

 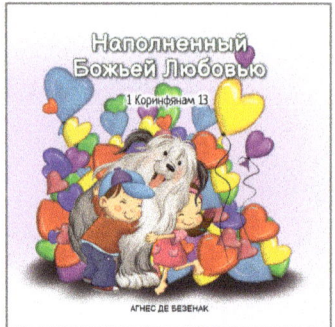 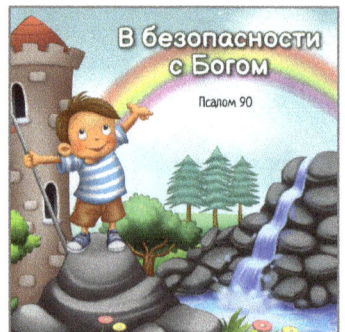 

Опубліковано: iCharacter Ltd. (Ireland)
www.icharacter.org
Складено: Агнес де Безенак
Переклад: Наталія Феррейра
Авторське право 2020.

www.icharacter.org

Авторське право © 2020 iCharacter Ltd. Усі права захищені. Ніяка частина цієї книги не може бути відтворена у будь-якій формі або будь-яким електронним або механічним способом, включаючи системи зберігання і пошуку інформації, без письмового дозволу видавця або автора, за винятком випадків, коли рецензент може процитувати короткі уривки, використані в критичних статтях або в рецензії.